Mira Faßbender

Lustige Bildergeschichten für den Anfangsunterricht

Bildvorlagen zum Aufbau von Schreib- und Sprechkompetenz im inklusiven Unterricht

Die Autorin Mira Faßbender ist Grundschullehrerin in Köln. Sie studierte Deutsch und Englisch auf Lehramt an der Bergischen Universität Wuppertal.

4. Auflage 2022

AAP Lehrerwelt GmbH
Veritaskai 3
21079 Hamburg
Telefon: +49 (0) 40325083-040
E-Mail: info@lehrerwelt.de
Geschäftsführung: Christian Glaser
USt-ID: DE 173 77 61 42
Register: AG Hamburg HRB/126335

Wir verwenden in unseren Werken eine genderneutrale Sprache. Wenn keine neutrale Formulierung möglich ist, nennen wir die weibliche und die männliche Form. In Fällen, in denen wir aufgrund einer besseren Lesbarkeit nur ein Geschlecht nennen können, achten wir darauf, den unterschiedlichen Geschlechtsidentitäten gleichermaßen gerecht zu werden.

Autorschaft: Mira Faßbender
Covergestaltung: TSA&B Werbeagentur GmbH, Hamburg
Coverillustration: Julia Flasche
Illustrationen: Julia Flasche
Satz: Satzpunkt Ursula Ewert GmbH, Bayreuth
Druck und Bindung: Esser printSolutions GmbH, Bretten

ISBN: 978-3-403-23538-5
www.persen.de

Inhaltsverzeichnis

1 Einleitung

Bildergeschichten erzählen, wie der Name schon vermuten lässt, kurze Geschichten anhand von wenigen Zeichnungen. Bei Bildergeschichten handelt es sich oft um den ersten Zugang, den Kinder zu Literatur bekommen. Reine Bildergeschichten sind analoge Darstellungen und enthalten keinen Text. Die einzelnen Bilder können also leicht entschlüsselt werden, während die Leerstellen zwischen den Bildern eigenständig rekonstruiert werden müssen. Sie sind daher ansprechender und leichter zu verstehen und lassen viele eigene Interpretationen zu. Sie können unterschiedlichen Leistungsniveaus (gerade im inklusiven Unterricht) ohne Probleme gerecht werden. Die Themen der Bildergeschichten sind kindgerecht und aus dem alltäglichen Leben genommen. Sie bieten somit einen guten Gesprächsstoff für Diskussionen. Schüler möchten ihre eigenen Ideen und Beobachtungen zu den Bildern mitteilen und werden so automatisch zum Sprechen, Erzählen und Schreiben angeregt. Jedes Bild wird einzeln betrachtet, sodass es für sich und in Beziehung zu den anderen zu einem Erzähl- sowie Schreibanlass wird, und bietet den Kindern eine Hilfestellung für die Geschichte.
Wimmelbilder laden ebenfalls zum genauen Hinsehen ein. Ein Wimmelbild ist ein gezeichnetes Bild mit sehr vielen Personen, Gegenständen und Szenen. Dazu gibt es keinerlei Text. Da es immer wieder etwas Neues zu entdecken gibt, regen Wimmelbilder besonders zum Erzählen von Geschichten an.

1.1 Aufbau und Differenzierungsmöglichkeiten

Sie finden in diesem Buch einige Unterrichtsideen, wie Sie mit den Bildergeschichten eine Einheit zum Schreiben und Erzählen aufbauen können. Die Unterrichtseinheit zum Erzählen bezieht sich vorwiegend auf Klassenstufe 1, die Einheit zum Schreiben auf Klassenstufe 2. Natürlich steht es Ihnen frei, zu entscheiden, die Materialien je nach Leistungsstärke der Klasse einzusetzen.

Fünf Bildergeschichten und drei Wimmelbilder mit dazu passenden Arbeitsblättern zum Schreiben und Sprechen finden sich gleichermaßen in diesem Buch. Auch hier gilt es wieder, auf das Bedürfnis und Leistungsvermögen der Lerngruppe einzugehen.

1.2 Allgemeine methodische Hinweise zur Förderung der Erzählkompetenz

Kinder lieben Geschichten. Sie lieben es, Geschichten zu hören und selbst zu erzählen. Kinder im Grundschulalter entwickeln ihre Sprache anhand von Geschichten, die sie, wenn schon möglich, lesen, erzählen, selbst hören und selbst erfinden. Eine wichtige Schlüsselqualifikation ist die Sprachkompetenz. Besonders Kinder aus Familien mit Zuwanderungsgeschichte trainieren durch das Zuhören und das selbstständige Erzählen ihre Sprachkompetenz und erweitern somit ihren Wortschatz. Deshalb ist es wichtig, den Erzählraum zu öffnen und ihn offen zu halten.
Schnell wird ihnen dabei bewusst, dass es gar nicht so einfach ist, Geschichten spannend zu erzählen. Erzählen als Form der Sprachkompetenz erfordert jedoch auch die Kompetenz des Zuhörens. Kinder, die (zu)hören können, können auch (nach)sprechen, denn Sprechen und Hören sind konstitutiv aufeinander angewiesen. Auch das muss gefördert werden, da diese Kompetenz heute nicht mehr bei allen Kindern als grundlegende Fähigkeit vorausgesetzt werden kann.

Von Schülern wird beim Erzählen verlangt, die Reihung von Ereignissen in eine sprachliche Reihung umzusetzen. Sie müssen Zusammenhänge erkennen, Abfolgen bestimmen und erzählend festhalten. Diese Fähigkeiten müssen eingeübt und anschließend reflektiert werden.
Beim Erzählen wird gleich das Zuhören der Kinder gefördert, indem sie in verschiedenen Arbeits- bzw. Übungsphasen dem erzählenden Kind oder einer Gruppe gezielt zuhören, um eine kriteriengeleitete Rückmeldung geben zu können. Des Weiteren wird das verstehende Zuhören auch in der späteren Präsentations- und Reflexionsphase gefördert, indem die Kinder gemeinsam die Vorträge der anderen Gruppen besprechen. Die Schüler haben in dieser Phase die Möglichkeit, den Erzählern ein „Lob" auszusprechen, eine „Frage" zu stellen oder auch einen „Tipp" zu geben (die entsprechenden Karten finden Sie auf der Seite 12). Durch die Reaktionen der Zuhörer entwickeln die Kinder, ihre Erzählfähigkeit und gewinnen Hinweise für ein erfolgreiches Erzählen. Zusätzlich fördert die Reflexionsphase die Gesprächsführungskompetenz der Kinder. Sie beteiligen sich am Reflexionsgespräch und halten sich dabei an die vereinbarten Gesprächsregeln, bringen in dieser Phase ihre eigenen Ideen mit ein und äußern sich zu den Erzählungen und Gedanken anderer Kinder. Da alle Kinder zum Zuhören motiviert werden, wird eine aktive Lernzeit für alle Schüler gewährleistet.

Die folgenden methodischen Hinweise beziehen sich zum einen auf das spontane und gemeinschaftliche Erzählen und zum anderen auf das strukturierte (Nach-)Erzählen von Geschichten.
Die Methoden sind ohne viel Aufwand im Unterricht einsetzbar, auch unabhängig von den angebotenen Materialien in diesem Buch.

1.3 Allgemeine methodische Hinweise zur Förderung der Schreibkompetenz

Die Entwicklung einer Lese-Schreibkultur ist eine zentrale Leitidee des Deutschunterrichts geworden. Schreiben meint die zentrale Fähigkeit, eine Information nach den Regeln der Schriftsprache zu formulieren. Diese Fähigkeit ist allerdings nicht bei jedem Kind vorhanden, sie entwickelt sich vielmehr über die (Grund-)Schulzeit. Kinder brauchen Schreibanlässe, die sie dazu anregen, Texte zu „produzieren" und ihre Kreativität zu entfalten. Es gibt eine große Auswahl an literarischen Schreibanlässen: Zu Bildern/Bildergeschichten schreiben, Texte weiterschreiben und erweitern, auf Texte antworten, Texte verändern, gleichartige Texte schreiben, zu Kinderbüchern oder poetischen Texten schreiben.
Bei Bildergeschichten handelt es sich meist um den ersten Zugang, den Kinder zu Literatur bekommen. Bilderbücher sind in der Regel die ersten Bücher, die sie rezipieren. Gleichzeitig handelt es sich bei Bildern um die ersten überlieferten Ausdrucksformen, die bewusst und ohne pragmatische Absicht gesetzt wurden. Bilderfolgen können daher als eine Vorstufe schriftlichen Erzählens gelten. Texte und Bildfolge liefern dem Rezipienten Informationen, sie erzählen dem Leser eine Geschichte. Sie tun dies aber auf völlig verschiedene Weise. Bilderfolgen sind analoge Darstellungen. Die einzelnen Bilder können also leicht entschlüsselt werden, während die Leerstellen zwischen den Bildern rekonstruiert werden müssen.
Nach Sönke Zander nimmt die Bildergeschichte im Unterricht als Schreibanlass vor allem am Anfang des Aufsatzschreibens eine wichtige Stellung ein, da die Geschichte in Bildern eine Zwischenstufe zwischen symbolischer Darstellung und der Wirklichkeit bildet und dadurch die Versprachlichung des Inhaltes leichter ist. Bei Bildergeschichten ist die zeitliche und die inhaltliche Ordnung zum Teil schon vorgegeben, was vielen Kindern Hilfestellung gibt. Sie müssen die Geschichte „nur" noch in ihren eigenen Worten aufschreiben und ausschmücken.
Die Grundschule soll die Kreativität und die Fantasie von Kindern fördern und ihre Fähigkeiten zum Entdecken und Gestalten entwickeln. Die Schüler entwickeln eigene Bilder und Ideen und ihre Fantasie wird angeregt.

Die verschiedene Bildergeschichten und Wimmelbilder in diesem Buch regen die Fantasiewelt der Kinder an und werden durch kreatives Schreiben und Malen von ihnen dargestellt.

1.4 Material und Vorbereitung

Um die Aufgaben in diesem Buch zu bearbeiten, benötigen Ihre Schüler eine Schere und Klebstoff. Zu jeder Bildergeschichte und jedem Wimmelbild gibt es Wort- und Bildkarten, die beim Erzählen und Schreiben von Geschichten genutzt werden können. Diese sollten vorher ausgeschnitten und laminiert werden.

Für eine Unterrichtseinheit, in der die Kinder zu den Bildergeschichten/Wimmelbildern schreiben oder erzählen, ist es von großer Bedeutung, dass die Kriterien vergrößert kopiert werden und für alle Schüler sichtbar im Klassenraum hängen. So haben die Kinder die Regeln ständig im Blick, was besonders für die kriteriengeleitete Rückmeldung wichtig ist. Jedes Kind benötigt für das Erzählen zudem einen „Erzählkonferenz-Bogen“ und für das Schreiben einer Geschichte einen „Autorenkonferenz-Bogen“.

Die Rückmeldekarten werden am sinnvollerweise laminiert. Sie dienen zur Unterstützung, damit sich die Kinder am Ende eine Rückmeldung von den Mitschülern abholen können. Der Vorleser/Erzähler nimmt jeweils ein paar Kinder an die Reihe, die ihm entweder ein Lob aussprechen, eine Frage zur Geschichte stellen oder einen Tipp geben möchten.

Kriterien für das Erzählen

Darauf solltest du beim Erzählen achten:

Inhalt:

- eine passende Überschrift, die neugierig macht 
- der Reihe nach erzählen 
- Passt der Schluss zum Rest der Geschichte? 

Kriterien für das Erzählen

Darauf solltest du beim Erzählen achten:

Sprache:

- unterschiedliche Satzanfänge verwenden 
- keine Wiederholungen 

Kriterien für das Erzählen

Darauf solltest du beim Erzählen achten:

Erzähler:

- andere Kinder anschauen 
- laut und deutlich sprechen 
- mit der Stimme betonen 

Kriterien für das Zuhören

Darauf solltest du beim Zuhören achten:

- genau hinhören 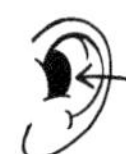
- leise sein 
- den Erzähler anschauen 
- Rückmeldung geben – Lob, Fragen, Tipps.   

Rückmeldebogen – Erzählkonferenz

Geschichte von: ____________________

Inhalt				
Du hast eine **passende Überschrift** gefunden. Sie macht neugierig.				
Du hast **der Reihe nach** erzählt.				
Du hast einen **Schluss** gefunden, der zur Geschichte passt.				
Sprache				
Du hast verschiedene Satzanfänge benutzt.				
In deiner Geschichte gibt es keine Wiederholungen.				
Erzähler				
Du hast die anderen Kinder angeschaut.				
Du hast laut und deutlich gesprochen.				
Du hast mit deiner Stimme betont.				

Deine Geschichte gefällt mir insgesamt:

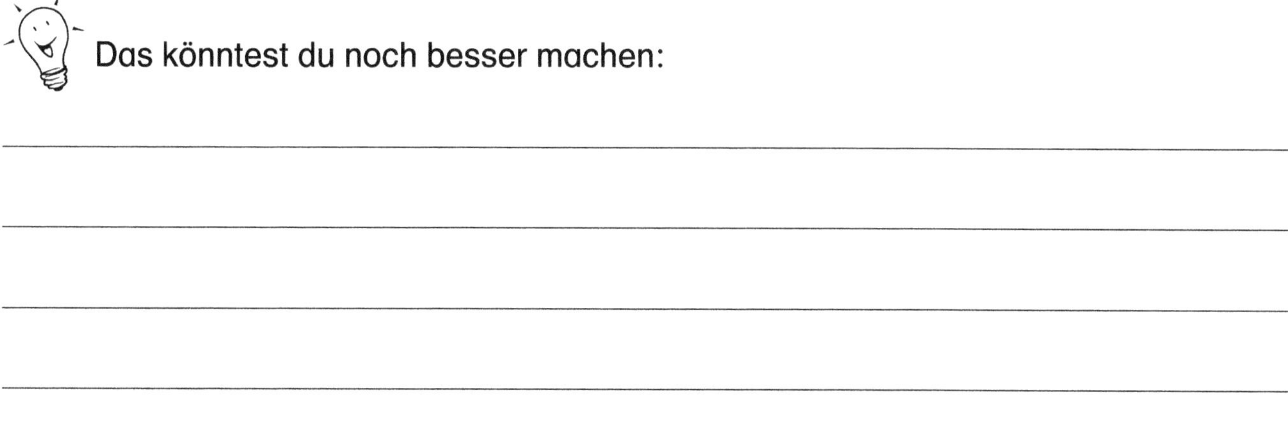

Das könntest du noch besser machen:

Kriterien zum Schreiben nach Bildergeschichten

Darauf solltest du beim Schreiben achten:

Inhalt:

- eine passende Überschrift, die neugierig macht 
- eine Einleitung, die beschreibt:
  - ➢ wer spielt mit?
  - ➢ wo spielt die Geschichte?
- einen Höhepunkt finden
- Passt der Schluss zum Rest der Geschichte?

Kriterien zum Schreiben nach Bildergeschichten

Sprache:

- verständlich schreiben 
- unterschiedliche Satzanfänge verwenden. 
- viele Adjektive und Verben verwenden
- keine Wiederholungen 

Rückmeldebogen – Autorenkonferenz

Geschichte von: ______________________________

Inhalt	☹	😐	🙂	😊
Du hast eine **passende Überschrift** gefunden. Sie macht neugierig.				
Du hast in der Einleitung beschrieben, – **wer** in der Geschichte mitspielt. – **wo** die Geschichte spielt.				
In deiner Geschichte ist der **Höhepunkt** deutlich erkennbar.				
Du hast einen **Schluss** gefunden, der zu der Geschichte passt.				
Sprache	☹	😐	🙂	😊
Deine Geschichte ist **verständlich.**				
Du hast **unterschiedliche Satzanfänge** verwendet. (Dann, Danach, Nun, In diesem Augenblick, Plötzlich, Später ...)				
Du hast besonders lustige, spannende oder schöne Adjektive und Verben verwendet.				
Du hast Wiederholungen vermieden.				
Rechtschreibung	☹	😐	🙂	😊
Du hast die Wörter klar abgegrenzt und Satzzeichen gesetzt.				
Du hast bekannte Regeln angewendet (Groß- und Kleinschreibung)				
Du hast gut lesbar geschrieben.				

Deine Geschichte gefällt mir insgesamt: ☹ 😐 🙂 😊

Das könntest du noch besser machen:

____

____

____

Lob

Frage

Tipp

Erzählen zu einer Bildergeschichte (1. Klasse) – Auf dem Jahrmarkt (ab S. 24)

Voraussetzung:

Die Schüler haben die Kriterien zum Erzählen einer Bildergeschichte bereits kennengelernt bzw. in der Klasse gemeinsam erarbeitet, welche Regeln für das Erzählen einer Geschichte wichtig sind. Diese Kriterien (und die dazugehörigen Piktogramme zur Erklärung/Verdeutlichung) hängen für alle Schüler sichtbar im Klassenraum und helfen beim Erzählen der Geschichte.

Medien:

Bildkarten der Bildergeschichte (nur die ersten drei Bilder)

einzelne Wortkarten (zum Beispiel: Nomen: die Luftballons, der Jahrmarkt, die Geisterbahn, die Mädchen, der Clown; Verben: kaufen, sich freuen, verkaufen, loslassen, fliegen; Adjektive: fröhlich, traurig, aufgeregt)

Kriterienplakate (S. 7)

Rückmeldebogen für jedes Kind (S. 9)

Lob-, Tipp- und Frage-Karten für die Rückmeldung (Präsentationsphase) (S. 12)

weiße/leere Blätter für eigene Wörter der Kinder

(die ersten drei Bilder kopiert für jedes Kind/jede Gruppe (S. 24); kleine weiße Zettel für die Weitererzählung)

1. Initiation

Die Lehrerin zeigt das erste Bild der Geschichte. Die Schüler äußern sich frei. Verschiedene Wortkarten werden an die passende Stelle gehängt. Neue Wörter der Schüler können beliebig ergänzt werden.

2. Orientierung

Die Lehrkraft hängt das zweite und das dritte Bild an die Tafel. Die Schüler äußern sich. Weitere Wortkarten werden aufgehängt und passend zugeordnet. Die Schüler beschreiben und äußern, was wohl als Nächstes passiert. Sie stellen ihre Vorschläge im Plenum vor.

3. Erarbeitung

Die Schüler überlegen sich nun in Einzel- oder in Partnerarbeit ihre eigene kleine Geschichte, unter Berücksichtigung der Kriterien, zu den Bildern. Die Lehrkraft weist sie zuvor noch einmal auf die Kriterien für das Erzählen einer Geschichte hin. Einigen Schülern hilft es, wenn sie die drei Bilder vor sich liegen haben und auf neuen kleinen Zetteln ihre weiteren Ideen sammeln. Diese können je nach Leistungsstärke der Kinder gemalt oder in Stichworten notiert werden).

4. Präsentation I – Autorenkonferenz

Die Schüler, die den ersten Entwurf beendet haben, suchen sich einen Partner bzw. eine Partnergruppe. Sie tragen den Kindern ihre Geschichte vor. Der Zuhörer kreuzt, während oder im Anschluss an den Vortrag, auf dem Rückmeldebogen (Erzählkonferenz) an, was schon gut geklappt hat und was der Erzähler noch verbessern muss.

5. Überarbeitung

Die Schüler überarbeiten mit Hilfe des Rückmeldebogens ihren Entwurf.

6. Präsentation II

Am Ende erfolgt die Präsentation der Geschichte vor der Klassengemeinschaft. Auch hier geben die Mitschüler dem Erzähler bzw. dem Erzählerteam am Ende eine Rückmeldung (Lob, Tipp, Frage).

Schreiben zu einer Bildergeschichte (2. Klasse) – Die Geburtstagstorte (ab S. 16)

Voraussetzung:

Die Schüler haben die Kriterien zum Schreiben einer Bildergeschichte bereits kennengelernt bzw. in der Klasse gemeinsam erarbeitet, welche Regeln für das Schreiben einer Geschichte wichtig sind. Diese Kriterien hängen für alle Schüler sichtbar im Klassenraum und helfen beim Schreiben der Geschichte.

Medien:

- Bildkarten der Bildergeschichte (nur die ersten beiden Bilder)
- einzelne Wortkarten (Nomen: die Torte, der Hund, die Mutter, das Geburtstagskind, der Geburtstagstisch, die Freunde; Verben: stolpern, schlafen, aufwachen, sich freuen, fliegen; Adjektive: unachtsam, hungrig, aufgeregt)
- Kriterienplakate (S. 10)
- Rückmeldebogen für jedes Kind (S. 11)
- Lob-, Tipp- und Frage-Karten für die Rückmeldung (Präsentationsphase) (S. 12)

1. Initiation

Die Lehrerin zeigt das erste Bild der Geschichte. Die Schüler äußern sich frei.

Verschiedene Wortkarten werden an die passende Stelle gehängt. Neue Wörter der Schüler können beliebig ergänzt werden.

2. Orientierung

Die Lehrkraft hängt das zweite Bild an die Tafel. Die Schüler äußern sich. Weitere Wortkarten werden aufgehängt und passend zugeordnet.

Die Schüler beschreiben und äußern, was wohl als Nächstes passiert. Sie stellen ihre Vorschläge im Plenum vor.

3. Erarbeitung

Die Schüler schreiben nun ihre eigene kleine Geschichte zu den Bildern – unter Berücksichtigung der Kriterien. Die Lehrkraft weist sie zuvor noch einmal auf die Kriterien hin. Ihren ersten Entwurf schreiben die Kinder anschließend in Einzelarbeit.

4. Präsentation I – Autorenkonferenz

Die Schüler, die den ersten Entwurf beendet haben, suchen sich einen Partner. Sie lesen diesem ihre Geschichte vor. Während oder im Anschluss an den Vortrag kreuzt der Mitschüler auf dem Rückmeldebogen (Autorenkonferenz) an, was schon gut geklappt hat und was der Autor noch verbessern muss.

5. Überarbeitung

Die Schüler überarbeiten mithilfe des Rückmeldebogens ihren Entwurf.

6. Präsentation II

Am Ende erfolgt die Präsentation der Geschichte vor der Klassengemeinschaft. Auch hier geben die Mitschüler dem Geschichtenschreiber am Ende eine Rückmeldung (Lob, Tipp, Frage).

 *(5.1. Überarbeitung Teil II)*

Je nach Lerngruppe und Lernstand ist es sinnvoll, dass die Kinder ihre Texte auch im Hinblick auf die Rechtschreibung überarbeiten. Hier sollte vorher festgelegt werden, welche Kriterien wichtig sind (Vorschlag für Klasse 2: Klein- und Großschreibung, Satzzeichen setzen).

Name: ______________________ Datum: ______________

Was passiert dann?

Male und erzähle! 

Finde eine passende Überschrift für deine Geschichte.

____

Name: ______________________ Datum: ____________

Welche Wörter passen zu dem jeweiligen Bild?

Male an! 

Welche Wörter passen noch? Schreibe sie auf die Linien!

erschrocken • Weihnachten • die Kerzen • hungrig • lustig • die Girlande • müde • gespannt • der Vater • stolpern • tollpatschig • traurig • die Party

____

____

die Torte • die Mutter • die Geburtstagsparty • der Hund • stolpern • der Junge • der Vater • der Luftballon • aufwachen • bewegen • tollpatschig • die Katze • achtsam

____

____

traurig • der Hunger • feiern • erschrecken • die Torte • weinen • der Hund • landen • der Luftballon • das Geschenk • sich freuen • das Geburtstagskind

____

____

Name: ______________________ Datum: ______________

Welche Sätze passen zu dem jeweiligen Bild? Verbinde!

Der Hund, der gerade noch friedlich geschlafen hat, wacht auf einmal auf.

Mia guckt ganz erschrocken. Ihr ganzes Gesicht ist mit Torte bedeckt und auf ihrer Nase brennt eine Kerze.

Diese Torte kann man jetzt wohl nicht mehr essen.

Der große Tag ist gekommen und Mia hat ihre Freunde zu ihrer Party eingeladen.

Die Kinder jubeln, als die Mutter mit der tollen Geburtstagstorte in den Raum kommt.

Die Mutter ist so konzentriert, dass sie nicht auf den Hund achtet und über ihn stolpert.

Name: ______________________ Datum: ______________

Schau dir die Bilder an.

Verbinde die Sätze, die zusammengehören:

Der Hund liegt	○	○	auf die Torte und seine Party.
Die Mutter kommt ins Wohnzimmer	○	○	in dem Gesicht des Mädchens.
Das Geburtstagskind freut sich	○	○	auf dem Fußboden und schläft.
Der Kuchen landet komplett	○	○	und trägt eine große Torte herein.

Was passiert?

Ordne die Wörter und schreibe Sätze zu den Bildern.

Achte darauf, dass der Satzanfang großgeschrieben wird.

eine Geburtstagsparty die Kinder feiern freuen und sich auf die Torte.

Die Kinder feiern eine Geburtstagsparty und freuen sich auf die Torte.

kommt die Mutter da herein und die leckere Torte bringt.

____

auf dem Boden schläft und der Hund liegt und tief fest.

____

der Hund und wacht auf plötzlich bewegt sich.

____

Geburtstagskindes ganze Torte die Mutter und die landet des im Gesicht stolpert

____

Name: ______________________ Datum: ____________

Was passiert?

Schreibe die Sätze zum passenden Bild.

Der Hund liegt auf dem Boden und schläft. • Die Torte fliegt durch die Luft.
Die Torte landet in Mias Gesicht. • Die Mutter stolpert über den Hund.
Die Mutter bringt die Torte. • Die Kinder feiern Geburtstag. • Der Hund wacht auf.

Name: ______________________ **Datum:** ______________

Finde zu jedem Bild eine Überschrift! sch

die Mutter	Geburtstagskind
die Torte	der Hund
schlafen / schläft	stolpern / stolpert
fliegen / fliegt	feiern Geburtstag
das Gesicht	das Mädchen
Mia	aufwachen / wacht auf
der Geburtstagstisch	die Freunde
sich freuen	unachtsam
aufgeregt	hungrig

LOSE
LOSE

GEISTERBAHN
KASSE

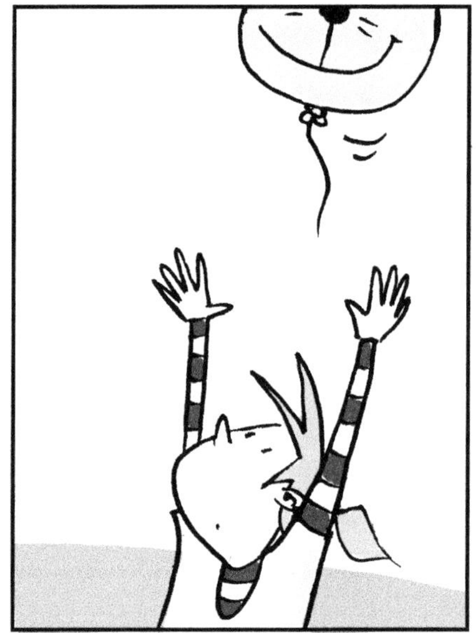

BAHN
KASSE

Name: ______________________ Datum: ______________

Was passiert dann?

Male und erzähle! 

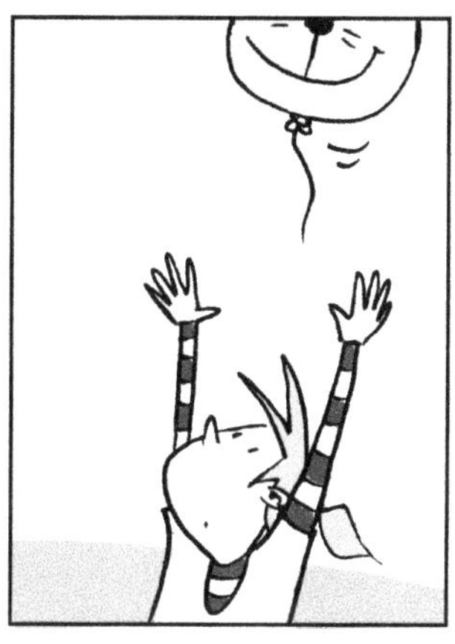

Finde eine passende Überschrift für deine Geschichte.

____

Name: ______________________ Datum: ______________

Welche Wörter passen zu dem jeweiligen Bild?

Male an!

Welche Wörter passen noch? Schreibe sie auf die Linien!

die Luftballons • der Wochenmarkt • der Fisch • hungrig • fröhlich • die Losbude • müde • zeigen • der Clown • lachen • tollpatschig • traurig • die Party

____

____

traurig • das Karussell • die Geisterbahn • der Hund • stolpern • die Kinder • der Vater • der Luftballon • aufwachen • bewegen • gruselig • die Katze • tanzen

____

____

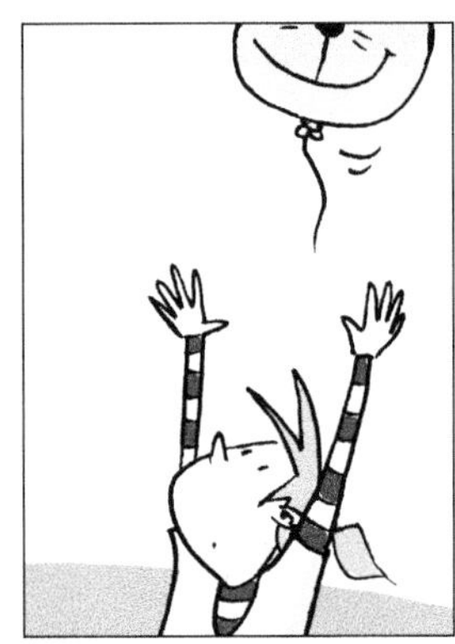

traurig • lachen • feiern • erschrecken • die Geisterbahn • weinen • ausstrecken • landen • der Luftballon • die Arme • sich freuen • fliegen • fröhlich

____

____

weinen • Freunde • aufmuntern • die Losbude • die Tränen • trösten • der Winter • das Popcorn

____

____

Name: ______________________________ Datum: ______________

Welche Sätze passen zu dem jeweiligen Bild? Verbinde!

Auf dem Jahrmarkt gibt es viel zu sehen.
Sina und Lea kaufen sich jeder einen Luftballon.

Huch, da fliegt der Ballon auf einmal weg!
Sina versucht ihn noch aufzuhalten.

Der Ballon fliegt weit weg, aber Lea nimmt ihre
Freundin in den Arm und tröstet sie.

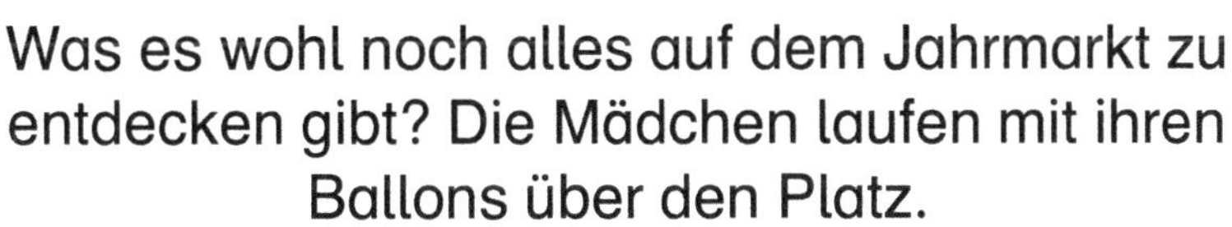

Was es wohl noch alles auf dem Jahrmarkt zu
entdecken gibt? Die Mädchen laufen mit ihren
Ballons über den Platz.

Ganz aufgeregt bleiben die beiden vor der
Geisterbahn stehen.
Sie möchten unbedingt mit der Bahn fahren.

Gut, dass man eine Freundin hat,
die für einen da ist.

Name: ______________________ Datum: ______________

Schau dir die Bilder an.

Verbinde die Sätze, die zusammengehören:

Auf dem Jahrmarkt ○	○ mit der Geisterbahn fahren.
Die Mädchen kaufen sich bei dem Clown ○	○ gibt es viel zu entdecken.
Natürlich möchten beide ○	○ ganz lieb getröstet.
Doch plötzlich lässt Sina ○	○ zwei tolle Ballons.
Sie wird von Lea ○	○ ihren Ballon los und er fliegt weg.

Was passiert?

Ordne die Wörter und schreibe Sätze zu den Bildern.

Achte darauf, dass der Satzanfang großgeschrieben wird.

auf dem Jahrmarkt es zu entdecken viel gibt

Auf dem Jahrmarkt gibt es viel zu entdecken.

einen Luftballon zwei Freundinnnen die kaufen sich.

____

laufen fröhlich die zu der beiden Mädchen Geisterbahn.

____

eine Sekunde passt Sina auf nicht

____

Luftballon fliegt plötzlich der Himmel den in

____

Name: ______________________ Datum: ______________

Klebe die Wörter zum passenden Bild. 

Erzähle die Geschichte.

Schneide aus. 

Lea und Sina
kaufen
Luftballons
Clown
verkauft
Geisterbahn
gruselig
lässt los
fliegt weg
tröstet
traurig

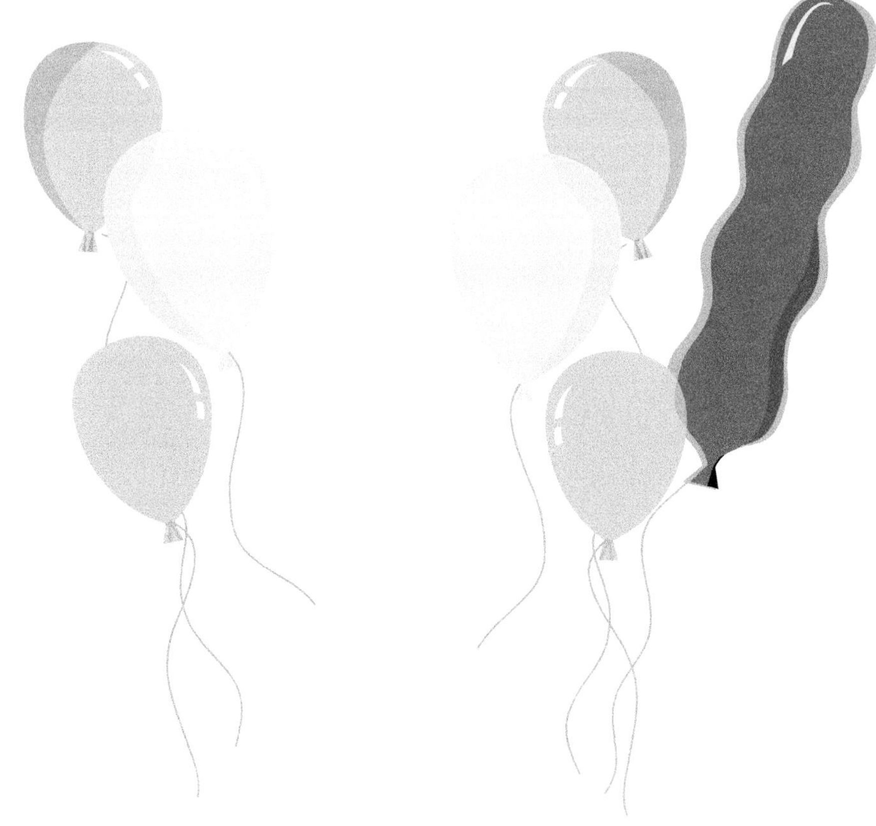

Name: ______________________ Datum: __________

Finde zu jedem Bild eine Überschrift!

____

____

____

____

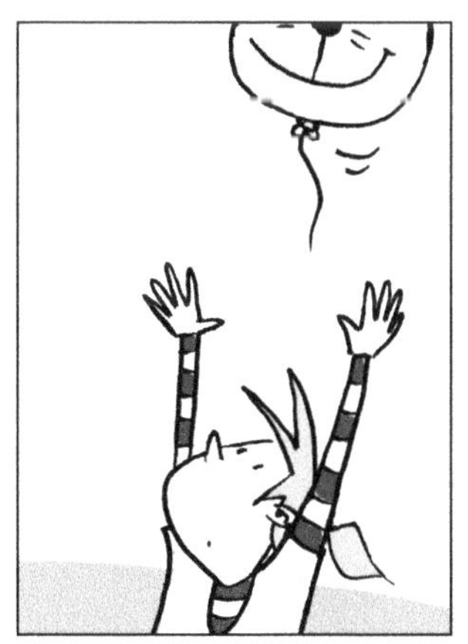

____

____

____

____

Lea	Sina
Mädchen	kaufen
Luftballons	Clown
verkaufen / verkauft	Geisterbahn
gruselig	loslassen / lässt los
wegfliegen / fliegt weg	traurig
trösten / tröstet	auf dem Jahrmarkt

Name: ______________________ Datum: ______________

Was passiert dann?

Male und erzähle! 

Finde eine passende Überschrift für deine Geschichte.

____

Name: ______________________ Datum: ______________

Welche Wörter passen zu dem jeweiligen Bild?

Male an! 

Welche Wörter passen noch? Schreibe sie auf die Linien!

der See • die Jungen • hungrig • fröhlich • müde • das Paddelboot • rudern • nass • die Ente • der Spaß

____

____

wackeln • das Boot • lachen • die Angst • das Ruder • der Strand • lustig • stolpern • die Kinder

____

____

umkippen • traurig • lachen • feiern • erschrecken • umfallen • der See • das Meer • fröhlich • trocken

____

____

nass • das Wasser • der See • die Jungen • wandern • schwimmen • weinen • das Boot

____

____

Name: ______________________ Datum: __________

Welche Sätze passen zu dem jeweiligen Bild? Verbinde!

Es ist ein wunderbarer Tag und die beiden Jungen freuen sich auf eine Paddeltour.

Die zwei Freunde haben viel Spaß. Sie schaukeln auf dem See hin und her.

Jetzt müssen sie wohl wieder an Land schwimmen. Das wird gar nicht so einfach.

Das war wohl ein bisschen zu viel. Das Boot fängt immer mehr an zu wackeln.

Oh nein, das Boot ist umgekippt und die beiden Jungen sind im Wasser gelandet.

Das Wasser spritzt die beiden Freunde nass und sie können sich nicht mehr halten.

Beide haben ein Ruder in der Hand und paddeln hinaus auf den See.

Schaukeln macht so viel Spaß. Dabei fängt der eine Junge ein bisschen an zu tanzen.

Name: ______________________ Datum: ____________

Schau dir die Bilder an.

Verbinde die Sätze, die zusammengehören:

Es ist ein wunderbarer Tag,	○	○	und paddeln mit den Rudern hinaus.
Die beiden Jungen haben viel Spaß	○	○	und mit dem Boot hin und her zu wackeln.
Sie fangen an, sich nass zu spritzen	○	○	stark an zu wackeln.
Auf einmal fängt das Boot	○	○	um mit dem Boot hinauszufahren.
Die Freunde verlieren die Kontrolle	○	○	im Wasser.
Platsch! Da liegen die beiden Jungen	○	○	und das Boot droht umzukippen.

Was passiert?

Ordne die Wörter und schreibe Sätze zu den Bildern.

Achte darauf, dass der Satzanfang großgeschrieben wird.

zwei wollen Freunde Bootsfahrt machen eine

Zwei Freunde wollen eine Bootsfahrt machen.

See auf haben dem die Freunde Spaß viel

____

spritzen gegenseitig sie und nass sich dem mit Boot wackeln

____

kippt plötzlich Boot das um

____

landen beiden im Freunde Wasser die

____

Name: ______________________ Datum: ______________

Was passiert?
Schreibe Sätze zu den Bildern. sch
Die Wörter können dir helfen.

____
____
____

Jungen • See • fahren Boot

____
____
____

Jungen • schaukeln • haben Spaß • spritzen

____
____
____

Jungen • haben Angst • kippt um • Boot

____
____
____

Jungen • nass • schwimmen • Wasser

See	Boot
fahren Boot	Jungen
haben Spaß	schaukeln
spritzen	umkippen / kippt um
haben Angst	nass
schwimmen	lachen

Schlittenfahrt

Mira Faßbender: Lustige Bildergeschichten für den Anfangsunterricht

Name: ______________________ Datum: ______________

Was passiert dann?

Male und erzähle! 

Finde eine passende Überschrift für deine Geschichte.

____

Name: ______________________ Datum: ______________

Welche Wörter passen zu dem jeweiligen Bild?

Male an! 

Welche Wörter passen noch? Schreibe sie auf die Linien! 

das Wasser • die Jungen • der Spaß • fröhlich • hungrig • der Schnee • die Sonne • gehen • fahren • schnell • lustig • lachen • die Freunde

____

____

aufmerksam • der Schneemann • die Angst • der Spaß • freuen • bremsen • der Sommer • lachen • der Unfall • das Mädchen • sauer • erschrocken • die Fahrt

____

____

umkippen • traurig • lachen • feiern • erschrecken • der Schlitten • auslachen • der Schneemann • weinen • böse • das Wasser • kaputt

____

____

Name: ______________________________ Datum: ______________

Welche Sätze passen zu dem jeweiligen Bild? Verbinde!

Endlich hat es geschneit. Tom und Ole freuen sich auf eine Schlittenfahrt. Sie sausen den Berg hinunter.

Tom fährt mit voller Wucht gegen den Schneemann. Sein Freund Ole hört gar nicht mehr auf zu lachen.

Von dem Schneemann ist nichts mehr übrig.

Was ist denn das? Mitten auf der Rennpiste steht ein großer Schneemann.

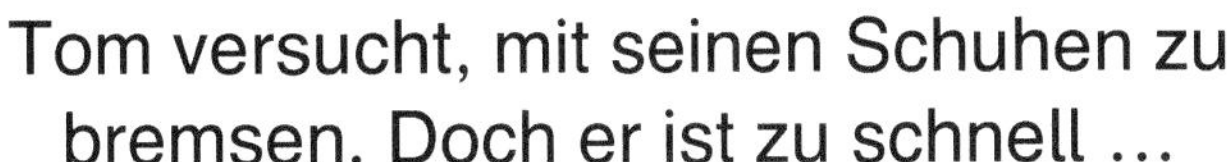

Tom versucht, mit seinen Schuhen zu bremsen. Doch er ist zu schnell …

Das ist ein Spaß! Die beiden Freunde rasen um die Wette.

Name: ______________________ **Datum:** ______________

Schau dir die Bilder an.

Verbinde die Sätze, die zusammengehören:

Draußen hat es so viel geschneit,	○	○	und liegt in einem großen Schneehaufen.
Die beiden Jungen fahren	○	○	dass Tom und Ole die Schlitten holen.
Tom ist so schnell, dass er nicht merkt,	○	○	und fährt genau auf den Schneemann zu.
Der Junge kann nicht mehr bremsen	○	○	den steilen Berg hinunter.
Tom landet auf dem Schneemann	○	○	dass mitten im Weg ein Schneemann steht.
Ole lacht laut,	○	○	während Tom ziemlich verärgert ist.

Was passiert?

Ordne die Wörter und schreibe Sätze zu den Bildern.

Achte darauf, dass der Satzanfang großgeschrieben wird.

den und Tom Ole sich freuen Schnee über

Tom und Ole freuen sich über den Schnee.

Berg den die Jungen hinunter sausen

____

Tom nicht den sieht Schneemann Piste auf der

____

landet er im Schneehaufen mitten

____

lacht laut Ole Tom bisschen und ein ist sauer.

____

Mira Faßbender: Lustige Bildergeschichten für den Anfangsunterricht

Name: ______________________ Datum: ____________

Was passiert?
Schreibe Sätze zu den Bildern. sch
Die Wörter können dir helfen.

Winter • Tom • Ole • fahren Schlitten • machen Wettfahrt

Schneeman • im Weg • steht • Tom • bremsen

Tom • liegt • Schneehaufen • sauer • Ole • lacht

Name: ______________________ Datum: ______________

Wie geht es weiter?

Erzähle die Geschichte von der Schlittenfahrt zu Ende! 

Name: ______________________ Datum: ______________

Wie geht es weiter?

Schreibe die Geschichte von der Schlittenfahrt zu Ende! 

Winter	Tom
Ole	fahren Schlitten
Wettfahrt	Schneemann
im Weg	bremsen / bremst
lachen / lacht	sauer sein / ist sauer
Schneehaufen	Jungen
schnell	

Der Bananendieb

Name: ______________________________ Datum: ______________

Was passiert dann?

Male und erzähle! 

Finde eine passende Überschrift für deine Geschichte.

____

Name: ______________________ Datum: ______________

Welche Wörter passen zu dem jeweiligen Bild?

Male an! 

Welche Wörter passen noch? Schreibe sie auf die Linien! 

die Kasse • der Zirkus • ärgern • der Affe • sich freuen • langsam • die Giraffe • rennen • die Freunde • lustig

____

____

beobachten • das Zebra • das Essen • die Besucher • zeigen • springen • aufgeregt • glücklich • die Natur

____

____

der Sommer • die Affen • der Spaß • freuen • ärgern • der Junge • die Mittagspause • essen • sauer

____

____

traurig • lachen • der Affe • tanzen • lustig • der Junge • die Banane • weinen • böse • der Dieb

____

____

erschrocken • der Affe • hungrig • frech • das Mädchen • traurig • auslachen • die Schadenfreude

____

____

Name: ______________________ Datum: ______________

Welche Sätze passen zu dem jeweiligen Bild? Verbinde!

Als Anna und Timo bei den Affen ankommen, machen sie erst einmal eine kleine Mittagspause.

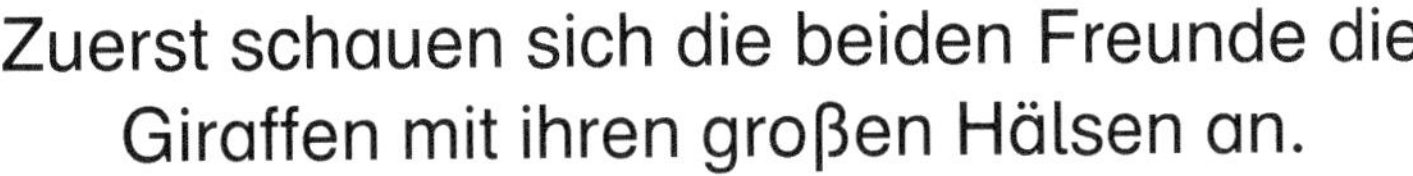

Zuerst schauen sich die beiden Freunde die Giraffen mit ihren großen Hälsen an.

Anna und Timo gehen in den Zoo. Sie freuen sich schon sehr auf die Tiere.

Die Affen riechen die Leckereien und schleichen sich von hinten langsam an Anna und Timo.

Schwups, da hat der Affe Timo die Banane geklaut. Anna fängt laut an zu lachen.

Timo hat eine Banane dabei. Er bemerkt nicht, wie sich hinter ihm ein Affe anschleicht.

Name: ______________________ **Datum:** ____________

Schau dir die Bilder an.

Verbinde die Sätze, die zusammengehören:

Anna und Timo freuen sich ○	○ zwei Eintrittskarten für den ganzen Tag.
Sie kaufen sich ○	○ bei den Affen.
Als Erstes gehen die beiden ○	○ auf einen Tag im Zoo.
Danach machen sie eine kleine Pause ○	○ zu den Giraffen.
Da Timo nicht aufpasst, ○	○ aber plötzlich fängt Anna an zu lachen.
Timo bemerkt erst gar nicht was passiert, ○	○ greift sich ein Affe seine Banane.

Was passiert?

Ordne die Wörter und schreibe Sätze zu den Bildern.

Achte darauf, dass der Satzanfang großgeschrieben wird.

und Anna Timo den besuchen Zoo.

Anna und Tim besuchen den Zoo.

viele Tiere beide Freunde beobachten möchten

____

Anna und Pause Timo eine bei möchten den machen Affen

____

Affe ein beobachtet, Timo wie Banane isst eine

____

Timo nicht Affe der aufpasst da klaut Banane die

____

Name: ______________________ Datum: ______________

Was passiert?

Schreibe die Sätze zu Ende. 

Anna und Timo gehen ______________________.

Sie besuchen ______________________.

Anna macht ______________________.

Anna und Timo machen ______________________.

Anna isst ______________________.

Timo schält ______________________.

Plötzlich klaut ______________________.

Timo guckt ______________________.

Der Affe ______________________.

Zoo	Timo
Anna	Giraffen
Fotos machen / macht Fotos	besuchen
machen Pause	essen / isst
Affengehege	Brot
Banane	klauen / klaut
Affe	verwundert
lachen	

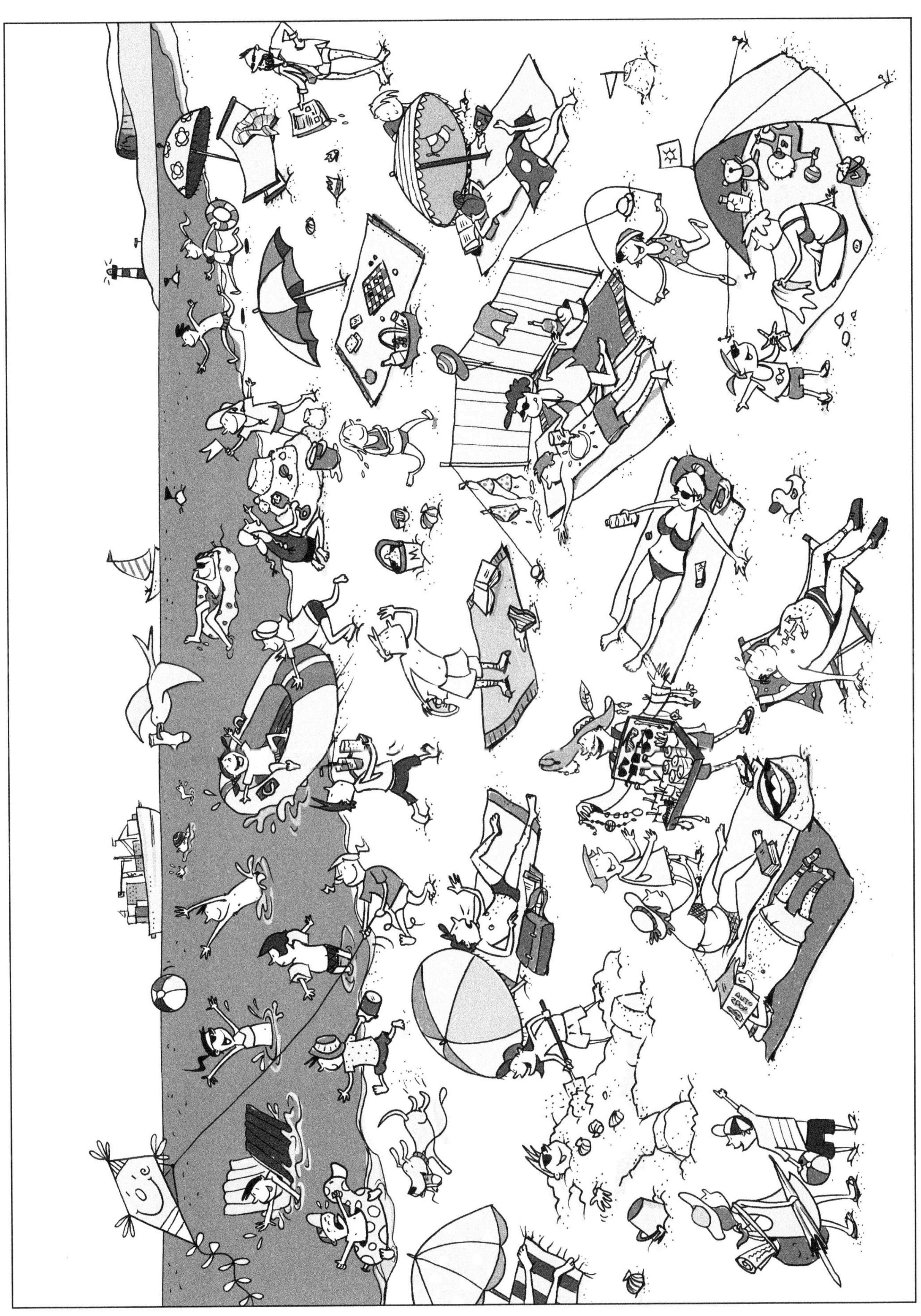

Name: ______________________ Datum: __________

Schau dir das Bild genau an.

Lies dir die Sätze durch.

Was stimmt?

- Am Strand schwimmen wenige Menschen im Wasser.

  ____

- Ein Mädchen lässt einen Drachen steigen.

  ____

- Die Möwe fliegt mit einem Hut davon.

  ____

- Das Kind kauft eine Sonnenbrille bei dem Strandverkäufer.

  ____

- Zwei Freunde spielen im Meer Wasserball.

  ____

- Auf dem Meer fahren drei große Kreuzfahrtschiffe.

  ____

Male an!

Der Drachen ist rot.

Ein Sonnenschirm ist grün mit gelben Punkten.

Die Möwe hat eine blaue Socke im Schnabel.

Am Strand – Bildkarten

Im Zoo

Name: ______________________ Datum: ____________

Schau dir das Bild genau an.

Lies dir die Sätze durch.

Was stimmt?

- Der Elefant stiehlt einem Jungen die Sonnenbrille von der Nase.

  ____

- Im Giraffengehege befinden sich drei Giraffen.

  ____

- Die Delfine teilen sich ihr Gehege mit den Pinguinen.

  ____

- Im Raubtiergehege kann man einen Löwen und einen Tiger beobachten.

  ____

- Der Mann am Eisstand hat viel Geld in der Hand.

  ____

- Viele Eltern machen mit ihren Kindern einen Ausflug in den Zoo.

  ____

Male an!

Der Eiswagen hat ein rotes Dach.

Der Vogel auf dem Dach ist grün.

Der Ball der Robbe hat blaue Streifen.

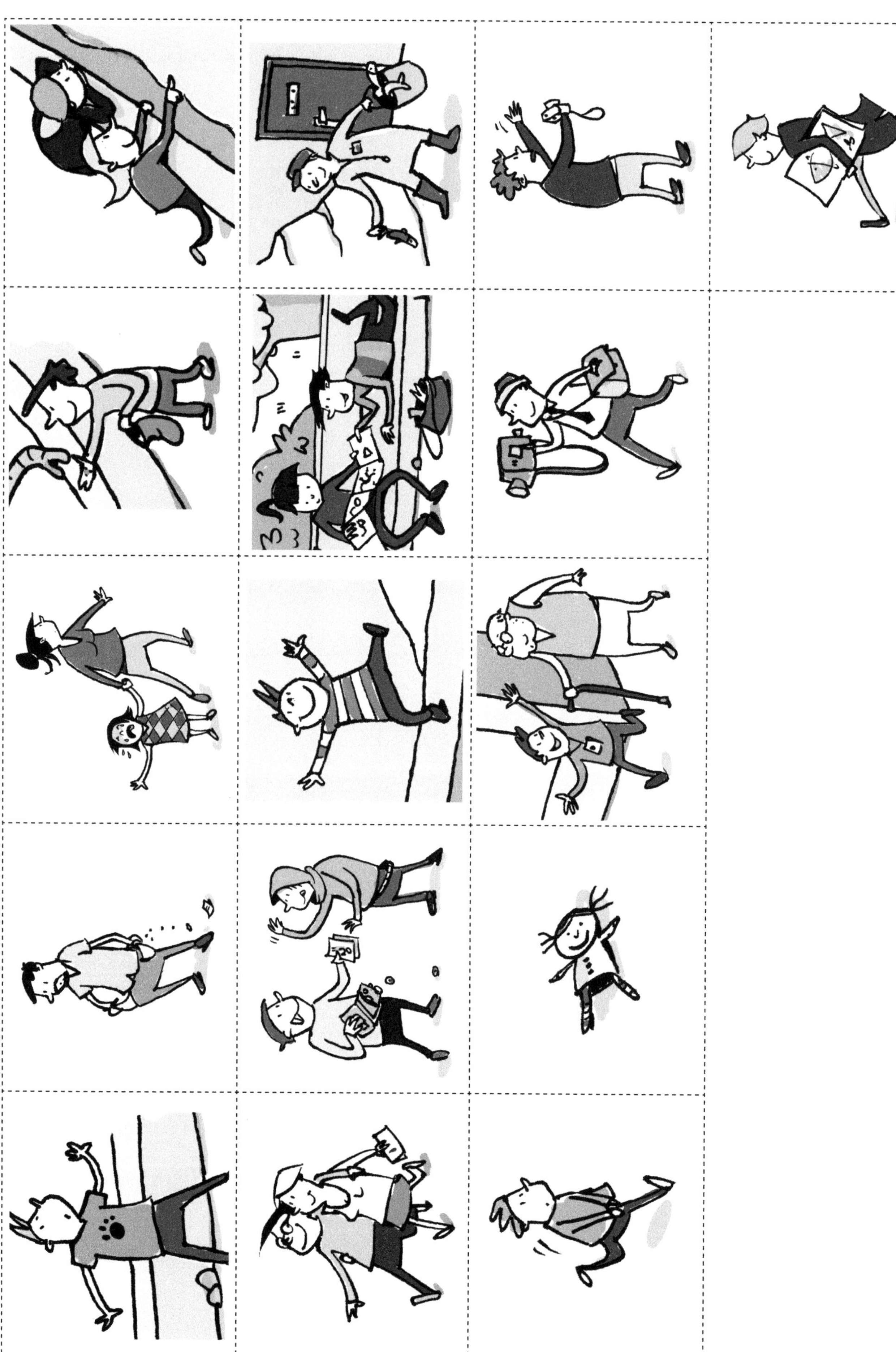
5,00

S
ÖNV
KONTROLLE
ALK

Name: ______________________ Datum: ______________

Schau dir das Bild genau an.

Lies dir die Sätze durch.

Was stimmt?

- Es ist nicht erlaubt, im Zug zu essen oder zu trinken.

  ____

- Die ältere Dame hat ihren Hund mit in der Bahn.

  ____

- Die Schulkinder lachen über einen schlafenden Mann.

  ____

- Ein Mann und zwei Frauen sind eingeschlafen.

  ____

- Eine junge Frau lässt ihr Butterbrot auf den Boden fallen.

  ____

- Alle Fenster im Zug sind beschmiert.

  ____

Male an!

Ein Kind trägt einen gelben Pullover mit schwarzen Punkten.

Das Buch ist rot.

Der Koffer ist bunt.

ÖNV
KONTROLLE